# ÉLOGE FUNÈBRE

DE

## MONSIEUR L'ABBÉ

# Jean-Baptiste LE CORNU

Chanoine honoraire de Séez

Curé-doyen de Flers

et

Chevalier de la Légion d'honneur

Prononcé dans l'église Saint-Germain de Flers

## LE MARDI 1ᴇʀ SEPTEMBRE

AU SERVICE DE QUINZAINE

PAR

## M. L'ABBÉ L.-V. DUMAINE

Chanoine archiprêtre de la cathédrale de Séez

---

SÉEZ

Typographie F. Montauzé, imprimeur de l'Évêché

1891

# ÉLOGE FUNÈBRE

DE

## MONSIEUR L'ABBÉ

# Jean-Baptiste LE CORNU

Chanoine honoraire de Séez

Curé-doyen de Flers

et

Chevalier de la Légion d'honneur

Prononcé dans l'église Saint-Germain de Flers

LE MARDI 1ᴇʀ SEPTEMBRE

AU SERVICE DE QUINZAINE

PAR

## M. L'ABBÉ L.-V. DUMAINE

CHANOINE ARCHIPRÊTRE DE LA CATHÉDRALE DE SÉEZ

---

SÉEZ

TYPOGRAPHIE F. MONTAUZÉ, IMPRIMEUR DE L'ÉVÊCHÉ

1891

> *Non recedet memoria ejus,*
> *et nomen ejus requiretur a*
> *generatione in generatio-*
> *nem.*
>
> Son souvenir ne passera pas,
> et son nom sera rappelé de
> génération en génération.
> (Eccli. xxxix, 13).

Mes Frères,

La mort a donc eu enfin raison de cette longue et belle existence qui semblait la défier ! N'en soyons pas surpris, c'est la loi commune ; du moins cette vie aura eu cela de particulier, que, commencée avec le siècle, elle aura presque fini avec lui. Mais si la mort vous a ravi cet homme de bien, ce prêtre vénéré, ce père tant aimé, il est une chose sur laquelle elle n'aura pas prise, c'est sa mémoire, car elle vous restera chère entre toutes, et passera aux générations qui suivront. Que de vies pourtant qui en peu de temps sont ensevelies dans un éternel oubli ! Il n'en sera pas de même de celle qui s'est consumée au milieu de vous, parce que dans son passage elle a marqué une empreinte contre laquelle les efforts du temps ne peuvent rien. Qu'on grave certains noms dans le marbre, que l'on coule dans le bronze les traits de ceux qui les ont portés, tout cela est vain, si un incontestable mérite n'est pas là pour sauvegarder leur mémoire. Elle est destinée à faire un peu de bruit peut-être, puis ensuite à disparaître sans retour. L'Esprit Saint l'a dit : *Periit memoria eorum cum sonitu* (1). Mais quand un homme laisse après lui d'ineffaçables vestiges, et que ses œuvres ont gravé son nom dans les âmes, alors c'est pour toujours : l'histoire l'enchâsse à jamais dans ses fastes, et le souvenir des générations lui fait comme un invincible rempart contre toutes les vicissitudes du temps. Ainsi en sera-t-il pour celui auquel vous venez en ce moment payer une dette de piété filiale ; car si le sillon de son labeur est achevé, celui de sa gloire ne fait que commencer, et, tout en projetant un éclat spécial sur son nom, il aura aussi je ne sais quels reflets pour cette cité, qui fut si particulièrement sienne.

Mais pourquoi faut-il que ce soit ma faible voix qui ait à rendre témoignage à cette grande vie, quand tant d'autres avaient plus de titres à le faire ? Etrange destinée que la mienne dans mes rapports avec celui qui n'est plus, puisque, malgré des vues et des désirs qui seront l'honneur de ma vie, j'étais surtout appelé à être l'interprète de vos sentiments et de votre douleur !

Mais que vous en dire qui ne soit pas trop indigne du sujet, et qui porte tout à la fois la consolation et l'édification à vos âmes ? Eh bien ! il est trois choses surtout qui donnent à une vie un cachet spécial : c'est le caractère, la parole et les œuvres. En les étudiant avec vous, puissé-je obtenir le double but que je me propose, et acquitter ainsi

---

(1) Ps. ix, 7.

un juste tribut d'hommage à la mémoire de Monsieur **Jean-Baptiste Le Cornu**, Chanoine honoraire de Séez, Curé-Doyen de Flers et Chevalier de l'Ordre national de la Légion d'honneur.

I.

Mes Frères, l'aurore du dix-neuvième siècle venait de luire, mais obscurcie de je ne sais quel nuage sombre et sanglant, car le siècle qui venait de finir avait vu à son déclin tant de ruines et de carnage ! Tous se demandaient avec inquiétude ce que serait l'ère nouvelle qui venait de paraître. Si les peuples n'étaient plus aussi frémissants contre Dieu et son Christ, c'est que, à la lueur des derniers évènements, en voyant tant de sceptres brisés, et tant de perturbation dans les choses, ils avaient compris qu'on n'irrite pas Dieu vainement. Mais le mal était bien grand encore, l'humanité semblait être sur un volcan ; de là, à certaines heures, ces soulèvements des nations venant se heurter les unes contre les autres dans ces chocs terribles qu'on nomme les batailles. Fléau désolant, qui épuise le sang des nations, mine les ressources les mieux établies, et sème partout la ruine et le deuil. Mais au milieu de ces bruits de guerre retentissant de toute part, voilà que tout-à-coup l'Église, la plus grande force morale qui soit au monde, l'Église, dépouillée et meurtrie, se dresse au-dessus de toutes ces ruines, et présente à notre France, en particulier, l'olivier de la paix : on était à la veille de cette grande pacification religieuse, débattue entre un Pontife et un soldat. Ainsi Dieu sait-il tirer le bien du mal ; et fasse le ciel que ce pacte concordataire soit toujours loyalement interprété pour le plus grand bien de tous. La France se sentit renaître ; c'était beaucoup sans doute, mais n'importe, le ciel restait sombre, car plus d'un nuage continuait de l'obscurcir.

Ce fut presque à la veille de ce grand événement, le 24 Juin 1801, que vint au monde, sur le territoire de cette paroisse, l'enfant qui devait en être l'honneur et le bienfait. On lui donna le nom du saint sous les auspices duquel il était né ; inspiration des plus heureuses, car lui aussi devait être vraiment grand. Et pourtant comment, en présence des nuages si sombres de cette époque tourmentée, ne pas redire avec angoisse sur ce berceau le mot qui fut dit sur le berceau du Précurseur : « Que pensez-vous que sera cet enfant (1) ? » Mais si l'avenir avait pu alors révéler les destinées de ce nouveau-né, pour lui aussi on eût pu dire que sa naissance devait être pour beaucoup le sujet d'une grande joie (2).

Mes Frères, quand Dieu prédestine un homme à une grande mission en ce monde, il le façonne et il l'orne avec un soin jaloux, et si vous voulez en connaître la vraie valeur, étudiez son caractère. Or, le caractère, c'est la résultante de ces trois choses : la force, la bonté et la droiture.

L'arbre qui a grandi au milieu des tempêtes est plus fort que celui dont les racines n'ont point eu à s'affermir contre le souffle des vents. L'épreuve est donc une des premières conditions de la force morale et souvent la marque des grandes âmes. L'enfance de M. Le Cornu fut tout

(1) Luc. i, 66.
(2) Luc, i, 14.

d'abord marquée à ce coin, puisque la mort de son père vint de bonne heure le rendre orphelin. Tout à l'heure, d'ailleurs, nous commencerons à entrevoir la trempe de cette âme, quand, aux jours de sa jeunesse, nous le verrons s'arracher au siècle pour sacrifier un brillant avenir. Certes, une âme comme la sienne, naturellement grande et généreuse et de plus munie d'une grande foi, n'était pas de celles qui résistent à l'appel d'en Haut. Aussi, n'eut-il pas besoin d'être renversé, comme Saul, sur le chemin de Damas pour dire à Dieu : « Seigneur, que voulez-vous que je fasse ? (1) » Non, résistant simplement à des vues honnêtes mais trop humaines, il préféra se rendre dans toute la générosité de son âme, et dire comme autrefois le jeune Samuel : « Seigneur, me voici, parce que vous m'avez appelé (2). » Qu'on ne l'oublie pas, quand Dieu appelle, tout doit céder, et l'amour des mères et le dévouement des fils. D'ailleurs, une vocation dans une famille, c'est un grand honneur que Dieu lui fait, et de plus c'est pour elle un principe de bénédiction, et parfois d'un grand bien pour toute une région. Témoin celui qui, alors que le monde lui souriait, a su si bien se prêter au gré divin, pour être l'instrument de la bonté de Dieu au milieu de vous.

Ne semble-t-il pas même, mes Frères, que la Providence ait eu en cela pour vous des attentions de choix, puisque celui qui était destiné à être le père de vos âmes, a dû d'abord faire l'apprentissage de votre vie en vivant lui-même de labeur et de négoce, comme pour savoir mieux

---

(1) Act. Apost. IX, 6.
(2) Lib. Reg. III, 6.

comprendre vos préoccupations et vos fatigues. Dieu avait hâte de vous l'envoyer, car après un rapide passage en deux paroisses, où il fut plutôt montré que donné, et, malgré cela, cependant grandement apprécié (1), il vous arrive jeune encore et plein de toute force.

Flers, alors, était loin d'être la ville qu'on admire aujourd'hui ; c'était le gros bourg assis près de son antique manoir, et entouré de ses nombreux villages. On venait de lui faire l'honneur d'être érigé en chef-lieu de canton. Moitié industrielle et moitié agricole, sa bourgeoisie savait faire honneur à ses affaires ; mais surtout, malgré les agitations du siècle dernier, la foi y restait fortement enracinée dans les âmes. Le pasteur qui venait de mourir, confesseur de la foi aux plus mauvais jours de la Terreur, laissait une mémoire vénérée. Peut-être, dès lors, les plus perspicaces pouvaient-ils pressentir l'avenir réservé au développement de cette cité. En tout cas, il fallait un homme qui pût y aider ; le ciel vous l'envoya. Mais alors aux grands postes les grandes difficultés ; trop souvent le monde juge d'une situation par des dehors qui paraissent brillants, tandis qu'ils sont hérissés d'aspérités. M. Le Cornu fut toujours à la hauteur de sa situation ; en ses mains l'autorité ne chancela jamais ; quand son devoir exigea des protestations, il les fit sans amertume, mais avec vigueur. Aussi avait-on l'habitude de compter avec lui. Comment, dès lors, ne pas voir dans cet ascendant, qui sut si bien s'imposer, la preuve d'une grande

---

(1) Ordonné prêtre en 1828, M. Le Cornu fut d'abord nommé vicaire à St-Pierre-d'Entremont, puis ensuite à St-Georges-des-Groseilliers.

force d'âme ? Pour ma part, je la salue avec honneur, et je l'envie pour moi-même.

Mais s'il avait la force, il avait aussi la bonté. Ce serait bien plutôt à vous de nous le dire, vous qui en avez si souvent fait l'expérience ; j'ai vu vos larmes au jour de ses obsèques, et j'ai compris. Il avait fait sienne la règle posée autrefois par le divin Maître : « Je connais mes brebis et mes brebis me connaissent » (1); tous avaient près de lui un facile accès, car avec ce grand air si naturel à sa personne, il y avait chez lui un fond de bonté qui attirait.

Quelle aménité dans ce caractère, qui, suivant le mot de S. Paul, savait se faire tout à tous (2) ; aussi, tous venaient-ils sans crainte, heureux de l'accueil qui leur était fait. Avec ceux de la classe aisée, il avait cette dignité tempérée d'affabilité et qui impressionne toujours si favorablement ; avec les pauvres, il usait d'un laisser-aller paternel qui ne froissait personne, parce que le cœur s'y faisait toujours sentir. L'amitié ne connut jamais affection plus vraie et fidélité plus durable.

N'ai-je pas tout à l'heure nommé les pauvres ? Mais que dire de sa charité pour eux, quand sa main gauche ignorait si bien ce que faisait sa droite (3) ? Comme pour ce saint dont la légende rapporte que quand on demandait sa demeure, la meilleure indication qu'on en pût donner était

(1) Joan. x, 14.
(2) I Cor. ix, 22.
(3) Math. vi, 3.

celle-ci : là où les pauvres sont en plus grand nombre c'est là qu'est sa maison (1) ; ainsi en était-il pour M. Le Cornu. En effet, les pauvres et les malades l'attiraient, et c'était par grosses sommes qu'il leur faisait l'aumône. « Je ne donnerai plus quand je n'aurai rien, disait-il ; il vaut mieux faire du bien pendant sa vie qu'après sa mort. » Parole qui peint bien toute sa foi et tout son cœur. Les familles d'orphelins étaient assurées de l'avoir pour père ; car c'était un titre tout spécial pour exciter son intérêt et attirer ses largesses. Que de maisons dont il a été la providence ; que d'indigents dont il a payé les loyers ! Ainsi il ne savait thésauriser que des mérites et non des richesses périssables ; et pourtant son passé et sa situation auraient pu lui valoir d'abondants revenus ; il disait parfois : « Si j'étais resté commerçant, je serais aujourd'hui millionnaire ; j'ai dépensé ma fortune à faire le bien, je crois ; je suis presque pauvre, mais je ne le regrette pas. » Prêtre magnanime, vous restiez toujours riche de votre cœur, et il savait malgré tout vous faire trouver le moyen de subvenir à l'indigent. Ne le vit-on pas un jour vendre un de ses meubles pour continuer ses aumônes ? C'est ainsi qu'il faisait passer ses ressources, par les mains des pauvres, aux célestes trésors (2). C'est bien pour lui que l'écrivain sacré a pu dire : « Bienheureux l'homme qui n'a pas couru après les richesses et qui n'a pas mis son espérance dans l'argent et les trésors, car en vérité il mérite d'être loué (3). Louons-le donc avec nos saints livres encore, quand ils disent : « Bienheureux

---

(1) C'est ce qui est raconté dans la vie de S. Eloi.
(2) Office de S. Laurent, diacre et martyr.
(3) Eccli. xxxi, 8.

celui qui a eu l'intelligence du pauvre et de l'indigent » (1).

Quelle tendresse encore dans ce cœur qui fut vraiment bon, et doué à ce point d'une si exquise sensibilité, qu'on l'a entendu dire : « Si je voulais désirer du mal à quelqu'un, ce serait de lui souhaiter un cœur sensible comme le mien. » Aussi souffrait-il plus des peines et des épreuves des autres que des siennes propres. Que de larmes il a séchées, et dont la source a dû se rouvrir à la nouvelle de sa mort ! Quand la patrie en deuil gémissait sous le pied d'un terrible vainqueur, comme il ressentit l'amertume de ses défaites ! Et quand la défense du pays dut lui enlever cette jeunesse qu'il aimait tant, son cœur saigne alors, et je garde encore la lettre toute imprégnée de sa tendresse qu'il m'adressait à ce moment. Mais cette tendresse, qui la connut mieux que ceux qui furent les auxiliaires de ses travaux et les compagnons de sa vie de chaque jour ? Ses vicaires lui formaient une vraie famille, il les traitait en père ; aussi tous le quittaient-ils à regret, et lui gardaient la plus fidèle comme la plus dévouée des affections.

Ajoutez à cela ce fond de loyauté et de droiture qu'il puisait dans une humilité vraie et une abnégation sincère. Jamais il n'est allé au-devant des honneurs, c'est eux qui sont venus le trouver, et il leur fit toujours l'accueil d'un homme qui leur est supérieur. Quand le signe de l'honneur vint se reposer sur sa poitrine, il en eut plus de satisfaction pour les siens que pour lui-même, et il pouvait dire alors :

(1) Ps. LX, 2.

« C'est la joie de mes amis qui fait la mienne. » Cette grandeur d'âme, supérieure aux évènements de la vie, il la puisait dans une piété large et bien entendue ; c'est elle qui le guida toujours dans sa vie publique et privée : l'une fut toute de dévouement et d'honneur, l'autre de régularité et d'esprit de foi ; avec cela on est toujours fort. La nature l'avait fait grand, la foi et la vertu le grandirent encore ; il en imposait, mais sans effrayer. On gardera longtemps le souvenir de ce beau vieillard à la stature imposante, à la démarche grave, au visage tout à la fois si attrayant et si digne. C'est que, mes Frères, son extérieur n'était que le reflet de son intérieur. J'ai essayé de le dépeindre ; sans doute je n'ai pas tout dit, mais j'en ai dit assez pour faire suffisamment ressortir quel riche et grand cœur il vous avait apporté. Après cela comment n'eût-il pas été puissant en œuvres et en parole ?

## II.

Le principe de la vie des âmes c'est la foi. Or, la foi, Dieu la donne à chacun au jour de son baptême, vertu infuse qui alors se trouve au fond de l'âme chrétienne comme un germe latent, réclamant une culture pour se développer et porter ses fruits. Et ce mot de l'Ecriture a un grand sens : « La foi vient de l'audition » (1) ; c'est-à-dire de la parole qui la sème de plus en plus dans les âmes. Semence précieuse qui a produit le lys des vierges, la palme des martyrs, et toutes les fleurs de vertu dont le vaste champ de l'Eglise a toujours été si merveilleusement émaillé. Cette semence, ne la distribue pas qui veut, mais ceux-là seulement à qui il a été dit : « Allez et instruisez toutes les nations » (2). Le caractère et la mission de celui qui la porte donnent alors à cette parole des accents qui en font une voix de vertu et de puissance : *vocem virtutis* (3). Ce qui se résume dans ce mot de l'Apôtre : « Dis ce qui convient, annonce la saine doctrine » (4). Et déjà longtemps auparavant Dieu avait bien caractérisé la mission du prêtre sous ce rapport, quand il avait dit à son prophète : « Elève ta voix pour lui donner le retentissement de la trompette, et dénonce ses crimes à mon peuple » (5).

(1) Rom. x, 17.
(2) Matth. xxviii, 19.
(3) Ps. lxvii, 34.
(4) Tit. ii, 1.
(5) Isaïe. lviii, 1.

N'ayez crainte, mes Frères, votre pasteur a compris sa mission, il sait qu'il vous doit le pain de la vérité ; il vous le distribuera sain, agréable et abondant. Car, n'en doutez pas, il s'est redit le mot de l'Apôtre : « Malheur à moi, si je n'annonce pas l'Evangile » (1). L'Apôtre le disait à son disciple : « Prêche la parole » (2) ; c'est-à-dire, annonce Jésus-Christ. Prêcher Jésus-Christ, c'est le semer dans les âmes pour y récolter la vertu sous toutes ses formes. Mais l'Ecriture le dit encore : « Il faut prêcher en public et en particulier : *publice et per domos* » (3).

Mes Frères, quand vous êtes allés à ce père de vos âmes ou qu'il est venu à vous, que de fois il a su vous donner de ces paroles qui vous ont réconfortés. J'en ai le secret dans ce mot de l'Evangile : « C'est que la bouche parle de l'abondance du cœur » (4). Et quel riche trésor n'y avait-il pas là dans ce cœur ! aussi il a pu y puiser longtemps, pour vous donner largement, sans l'épuiser jamais. C'est que l'homme qui est vraiment bon tire du bon trésor de son cœur des choses anciennes et nouvelles (5). En toute occasion on trouvait près de lui le mot qui éclaire, console et relève, car son cœur lui dictait toujours le mot qui convient. On ne sait pas assez dans le monde le vaste champ qui s'offre chaque jour sous ce rapport au zèle du prêtre : il y a tant de douleurs à calmer, tant de larmes à étancher, tant de ténèbres à dissiper, tant de cœurs à récon-

---

(1) I Cor. ix, 16.
(2) II Tim. iv, 2.
(3) Act. Apost. xx, 20.
(4) Matth. xii, 34.
(5) Matth. xii, 35.

forter ! Et qu'elle est sublime cette mission du prêtre, qui le fait le confident de toutes les situations, et lui met sur les lèvres le langage qui répond à tous leurs besoins. Il en est qui disent qu'après tout le prêtre fait son métier. Eh bien ! en vérité, noble et divin métier, que celui qui a le secret de faire tant de bien aux hommes. Ce fut celui de votre digne Curé. Il l'avait admirablement compris, et il s'était dit en arrivant parmi vous : « Je veux les sanctifier par la vérité : *sanctificabo eos in veritate* (1). » Pendant plus de cinquante ans ça été la grande occupation de sa vie ; et alors que son grand âge ne lui permettait plus d'élever la voix dans l'assemblée des fidèles, il savait toujours, et il l'a fait jusqu'à son dernier moment, tirer du bon trésor de son cœur de ces paroles qui allaient à vos âmes, en leur apportant lumière, courage et consolation.

Mais le prêtre n'a pas seulement à parler aux âmes dans le secret des consciences, à lui encore le redoutable honneur de porter la parole dans les assemblées saintes. Or, le grand secret de trouver le chemin des esprits et des cœurs, pour tout homme chargé du ministère de la parole, un maître de l'antiquité l'a dit, c'est de parler surtout avec le cœur (2). Ce secret des triomphes de l'éloquence sacrée, M. Le Cornu le possédait merveilleusement. Son exposé clair et magistral des vérités saintes, son accent de profonde conviction, l'émotion de sa voix, tout cela joint à une haute intelligence et à un aspect imposant, donnait à sa parole je ne sais quelle vertu communicative qui remuait

(1) Joan. xvii, 17.
(2) Quintillien, liv. x, ch. vii.

les âmes, pour les détourner du mal et les porter vers Dieu. En l'entendant, on sentait qu'il parlait avec cette autorité que donne un grand cœur au service d'une grande foi ; et c'était une vraie fête de la parole que de recueillir les enseignements qu'il distribuait du haut de la chaire chrétienne. Avec lui la parole sainte avait tout à la fois ses puissants encouragements et ses justes sévérités, mais toujours sans amertume. Selon le précepte de l'Apôtre, il prêcha la vraie parole de Dieu ; j'oserai dire que ce fut chez lui un soin jaloux, car il s'en réserva l'exercice d'une manière si spéciale, que pendant cinquante ans il fut le principal porte-parole de cette paroisse. Et comme les paroles n'ont que la vertu d'émouvoir, tandis que les exemples entraînent, il fut toujours, par la régularité de sa vie, le modèle de son troupeau.

Le champ qu'il avait à cultiver lui offrait d'ailleurs une vraie bonne terre ; longtemps il la garda dans son intégrité première, y semant à pleines mains cette bonne semence de la parole divine ; mais le jour vint où l'ivraie se mêla au bon grain : l'homme ennemi était passé par là (1). L'homme ennemi c'est Satan, avec tous les raffinements de sa malice, tel que nous le voyons à l'œuvre en nos temps malheureux. Alors cette terre, jusqu'alors si préservée et si féconde, subit l'attiédissement des convictions et le relâchement des pratiques. Le premier il vit le mal et il en gémit, et son zèle ne fit que redoubler pour préserver le troupeau grandissant confié à ses soins. Et il faut, mes Frères, que cette parole ait bien germé chez vous, pour que

(1) Math. XIII, 28.

la foi, comme les chênes de notre Bocage, se soit si profondément enracinée dans ce sol. J'admire en vérité comment les croyances chrétiennes, ailleurs si amoindries, se sont conservées si vivantes encore chez vous, malgré tous les dangers de l'heure présente. Il me semble qu'en ce moment un dernier écho de cette grande voix, aujourd'hui éteinte, nous redit encore : *Fidem servavi* (1), par la grâce de Dieu c'est moi qui ai gardé à ces âmes cette foi si forte et si vivante. Eh bien ! tout mort qu'il est, il vous le dit bien haut : « Gardez bien ce dépôt (2), » qui a été l'honneur et la consolation de vos pères, car il sera toujours le meilleur gage de votre bonheur à vous-mêmes.

Quand un de nos derniers grands poètes eut brisé sa lyre (3), ses amis lui écrivaient : « Vous ne chantez plus et nous écoutons encore. » Hélas ! de cette grande voix désormais éteinte vous pouvez dire, vous qui l'avez si bien entendue : Elle ne parle plus, mais nous écoutons encore. Oui, écoutez-la longtemps, toujours, et ses accents, si bien gardés, communiqueront à vos âmes quelque chose de l'éternelle vigueur de cette vérité qui vient de Dieu et qui ne meurt pas : *veritas Domini manet in æternum* (4). Enfin, après sa parole, voyons ses œuvres.

---

(1) II Tim. iv, 7.
(2) II Tim. i, 14.
(3) Lamartine.
(4) Ps. lxvi, 2.

## III.

On l'a dit, et c'est vrai, ce sont les Evêques qui ont fait la France, comme les abeilles font une ruche. Ici, il s'est passé quelque chose de semblable : un prêtre au cœur d'évêque, s'il m'est permis de le dire, a merveilleusement contribué, et dans une large part, à construire la ruche si active et si productive de cette cité industrielle, qui est aujourd'hui l'honneur de ce département et possède au loin un si juste renom. Mais pour cela, de quel tact il fallait être doué, quel sens administratif il fallait avoir, et quelles créations de toute sorte il y avait à produire !

Notre législation est ainsi faite qu'elle partage le travail dans l'administration d'une ville comme dans le gouvernement de l'Etat, en sorte qu'une portion d'autorité soit en diverses mains pour la marche des affaires et le bien de la communauté. Assurément cette sorte de décentralisation a du bon ; mais si une direction maîtresse n'est pas là pour assurer le sage fonctionnement de ces divers rouages administratifs, les choses peuvent être en souffrance. Or, pour donner cette impulsion sage et vraiment utile, qui ne sent tout ce qu'il faut de vues droites et de précautions délicates dans les procédés ? Rôle des plus élevés, et que ne s'attribue pas qui veut ; car il y a des susceptibilités à ménager, des préventions parfois à combattre, et, de nos jours surtout, combien souvent le prêtre en est réduit à être le témoin muet, sinon impassible, de fautes administratives, que de droites intentions peuvent justifier quant au fond, mais qu'un sage conseil eût pu si facilement faire éviter. M. le Curé de Flers eut ce rôle sans le rechercher ; les circonstances le lui imposèrent, et il eut le grand mérite de ne pas s'y refuser. Dans diverses circonstances il fut comme l'arbitre des pouvoirs civils ; il excella dans ce genre, et toujours l'influence, dont il lui fut donner d'user, alla au bien commun, à la prospérité vraie et bien entendue de cette ville. Mais aussi, chez lui, quel tact merveilleux pour aborder les questions parfois les plus épineuses, pour conseiller une mesure sans l'imposer, pour détourner d'une voie mais sans froisser. Ainsi fut-il souvent l'âme des conseils de cette cité, et jamais on n'eut à se repentir d'avoir écouté sa parole et suivi son avis. C'est que Dieu lui avait donné la science des saints (1), cette inspiration d'en Haut qui assiste l'homme et travaille avec lui (2) ; et voilà pourquoi ses travaux ont été pleins d'honneur : *honestavit illum in laboribus* (3).

Lui-même, d'ailleurs, possédait au plus haut point ce sens administratif qui devait produire de si heureux effets. On sait le rôle important que joue la question ouvrière dans la question sociale. Aussi est-ce pour cela que tout dernièrement encore cet infatigable gardien, qui veille aux destinées de l'humanité, le grand pontife Léon XIII, élevait la voix en faveur du monde du travail ; et en traitant ce thème tout d'actualité, il a su trouver des accents qui ont

(1) Sap. x, 10.
(2) Sap. ix, 4.
(3) Sap. x, 10.

tenu l'univers attentif. C'est lui en effet qui donne la solution à tous les plus grands problèmes de l'heure actuelle; et cette fois encore il l'a fait avec une clarté de vues et une précision de doctrine qui ont excité toutes les admirations (1). A nous donc aussi de nous retourner vers lui, et de lui dire, dans l'élan de notre foi et de notre reconnaissance : O Pontife suprême, à qui irions-nous si ce n'est à vous qui avez les paroles de la vie éternelle (2) ? Ici, d'ailleurs, le terrain a été bien préparé pour recevoir ces grandes et sages leçons, et elles y porteront leurs fruits, je veux le croire. Que l'ouvrier se règle toujours sur ce phare lumineux, et sa marche ascendante vers le bien, vers la tranquillité, vers la vraie prospérité est grandement assurée. M. Le Cornu l'avait compris pour ce centre industriel qui avait toutes ses affections, et pour la progression duquel il formait les meilleurs vœux. Aussi est-ce là ce qui lui inspirait, il y a longtemps déjà, de concert avec une haute notabilité du lieu, la création de votre *Société de Secours mutuels*. Quoi de meilleur que cette association des intérêts, des épreuves et des succès, principe de force par cela même qu'il est principe d'union, et qui, bien compris, renouvelle quelque chose de cette admirable charité des premiers chrétiens qui, ne faisant tous qu'un cœur et qu'une âme, arrachaient au paganisme lui-même ce cri d'admiration : « Voyez donc comme ils s'aiment ! » Ouvriers de cette ville, voilà ce qu'a voulu pour vous votre meilleur ami : ne l'oubliez jamais. C'est lui surtout qui sut mettre

---

(1) Il s'agit ici de la récente Encyclique *Rerum novarum*, qui traite si magistralement de la *Condition des Ouvriers*.

(2) Joan. VI, 69.

la main de l'ouvrier dans la main du patron ; et, assurément, nul mieux que lui ne pouvait en être l'intermédiaire et le lien, lui autrefois l'homme du négoce et de l'industrie, et, depuis, devenu l'homme de Dieu, c'est-à-dire l'homme de tous. Puis, comme c'est en vain qu'on travaille, si Dieu n'est de la partie (1), c'est bien à Dieu qu'il confia la garde de sa chère ville de Flers, et c'est par la Vierge Marie qu'il la lui remit : de là l'Association de Notre-Dame de l'Usine et de l'Atelier, pour l'union et la prospérité des patrons et des ouvriers.

Mais dans une importante paroisse comme celle-ci, que de besoins de toute sorte qui s'imposent à l'initiative vigilante et dévouée du pasteur; et pour cela que de nombreuses ressources y sont nécessaires. En voyant aujourd'hui tout ce que M. Le Cornu a su faire surgir de terre, on se demande comment il a pu y suffire. Ah ! c'est qu'il eut mieux que tout autre le secret d'ouvrir les bourses et les cœurs, et la raison en est que lui tout le premier savait si bien ouvrir sa bourse et son cœur. Toutefois, disons-le, il n'abusa jamais sous ce rapport de l'influence que lui donnait son crédit ; en cela comme en toutes choses il mettait une discrétion parfaite. Mais encore est-il qu'il ne suffit pas d'avoir les ressources en main, il faut surtout savoir les utiliser. Eh bien ! M. Le Cornu sut admirablement tout discerner et prévoir, et il eut en même temps le talent de pourvoir à tout avec une organisation de détails qui resteront à l'honneur de son nom et pour l'avantage de cette ville. Notons simplement, en passant, que toutes ses

(1) Ps. cxxvi, 1.

œuvres, à leur début, furent marquées au cachet de la pauvreté et de la simplicité : telles sont d'ordinaire les œuvres de Dieu, celles qu'il bénit avec prédilection.

Les malades attirèrent tout d'abord son attention. Sa première pensée fut de pourvoir aux soins qu'ils réclamaient, en vous assurant pour les pénibles jours de la maladie et les angoisses de l'heure suprême ces anges du bon secours, qui se nomment chez nous les Sœurs de la Miséricorde.

Quelle faiblesse plus intéressante encore que l'enfance ? Là ce n'est plus la misère à soulager, mais c'est le cœur et l'esprit à former ; quelle grande œuvre ! L'enfant, dont Jésus-Christ a dit avec l'expression d'un si grand amour : « Laissez venir à moi les petits enfants (1). » L'enfant, dont l'âme ne demande qu'à recevoir l'empreinte de la vérité et l'élan de la vertu ! Il faudrait que notre époque eût bien perdu tout sens moral, si la maxime du philosophe antique n'y était plus comprise : « On doit à l'enfant un grand respect (2) ; » et je ne puis le croire pour l'honneur de mon pays ; autrement je redouterais pour lui l'effet des anathèmes divins : « Malheur à qui scandalise un de ces petits (3) ! » Pour cette portion si intéressante du troupeau, votre Curé, dès les premières années de son ministère, crée d'importants établissements, l'Éducation Chrétienne pour les petites filles, et pour les garçons les Frères de

---

(1) Marc, x, 14.
(2) C'est Sénèque qui a dit : *Maxima debetur puero reverentia.*
(3) Matth. xviii, 6.

Saint-Joseph, auxquels succèdent les Frères de l'abbé de La Mennais. Puis ce qui était là si bien commencé, s'achevait dans les Œuvres de jeunesse, notamment au Patronage de Saint-Jean-Baptiste. Après les pauvres et les malades, M. le Curé de Flers fut vraiment l'homme de la jeunesse ; et il vous souvient sans doute encore de ces soirées d'hiver qu'il aimait à passer dans un cercle voisin de son presbytère. Là, que de cordialité dans ses entretiens, et comme il savait s'intéresser à tout ce qui concernait ses chers jeunes gens. C'est parmi eux que son regard, si bien éclairé, sut plus d'une fois discerner des vocations, qu'il favorisait ensuite de tout son pouvoir ; et ces pierres précieuses qu'il sut ainsi découvrir, ne formeront pas dans l'éternité le moindre ornement de sa couronne.

Chez lui, d'ailleurs, selon le mot d'un saint Père, les espaces de la charité furent vraiment élargis ; il eut pitié de l'âme de l'infidèle, et, pour lui envoyer l'étincelle de la foi avec la goutte d'eau du baptême, il favorisa ici de tout son zèle l'Œuvre de la Propagation de la Foi ; par la Conférence de St-Vincent de Paul il assura aux familles pauvres, par la visite à domicile, avec le secours qui soutient, la parole qui relève ; il sut donner à la jeune fille pour ses heures libres une occupation et une sauvegarde par la classe dominicale et l'Association des Enfants de Marie ; pour le salut des âmes éloignées de Dieu il établit l'Archiconfrérie de Notre-Dame des Victoires ; il développait la piété par la Confrérie du Saint-Sacrement ; il veillait à la conservation de la foi à l'intérieur par l'Œuvre de S. François de Sales ; il assurait aux enfants nouveau-nés des familles peu aisées les secours de la Société de Ste-Elisabeth. Quelle belle nomenclature à la louange de son zèle !

Puis, alors que sa ville s'est agrandie et que son développement a constitué de nouveaux besoins, dans une même année il ouvre aux orphelines l'Ouvroir St-Joseph, et offre à la vieillesse délaissée le magnifique asile des Petites-Sœurs des Pauvres. Les temps l'exigeant, il organise les Ecoles libres, œuvre si chrétienne dans sa pensée et dans ses effets. Et comme sa préoccupation constante a été l'adoucissement du sort de ceux qui souffrent, il prête tout son concours à la création d'un hospice, où les filles de St. Vincent de Paul exerceront leur sublime rôle de charité.

Autrefois les fondateurs de villes s'ingéniaient à les munir de remparts et de forteresses. La vôtre, mes Frères, qui doit tant à son Curé de son extension et de sa prospérité, peut être sans crainte à ce point de vue, car il l'a dotée comme jamais chef de guerre ne le fit ; et ce sera, croyez-le, votre meilleure sauvegarde dans l'avenir. Toutes ces maisons de la charité et du dévouement, tous ces pieux asiles où s'abritent toutes les faiblesses, qu'est-ce autre chose qu'autant de remparts pour la garde de cette cité ?

On représente parfois de saints personnages antiques tenant en main un monument religieux qu'ils semblent présenter à Dieu et aux hommes, en témoignage de leurs œuvres. Lui aussi, le prêtre que nous célébrons, s'il tint à garder l'église de son baptême, du moins il sut doter cette ville d'un monument qui n'est pas sans valeur, et présentant à Dieu son église de St-Jean, il a pu l'offrir comme le résumé de tous ses travaux. Eh bien ! c'est le cas de redire avec nos saints Livres : « Que ses œuvres le louent aux parvis éternels : *laudent eum in portis opera ejus* (1) ! »

Il avait fait tout cela, et l'on se demande comment une vie d'homme a pu y suffire ; et voilà que Dieu, comme pour achever l'auréole de cette noble existence, lui a donné d'en jouir pendant dix années d'une vieillesse sereine et tranquille. Sans doute, ses forces ne lui permettaient plus les labeurs d'autrefois, mais ses œuvres travaillaient pour lui. Il en avait partagé la direction entre ses jeunes et zélés collaborateurs, si heureux de le seconder et d'agir sous son regard. Ainsi, comme on l'a si bien dit, on sentait qu'il était encore là.

Enfin, après tant d'années de labeurs, le dernier jour vint ; il en redoutait les approches, comme savent le faire les âmes chrétiennes. Ah ! qu'il soit sans peur, car il est vraiment sans reproche ; et c'est bien à lui qu'il sera dit au jour des justices : « J'ai eu faim, et vous m'avez donné à manger ; j'ai eu soif, et vous m'avez donné à boire ; j'étais nu, et vous m'avez vêtu : venez, béni de mon Père, posséder le royaume qui vous a été préparé de toute éternité (2). » Oui, qu'il aille sans crainte, puisque Dieu l'appelle ; n'a-t-il pas combattu le bon combat ; n'a-t-il pas noblement achevé sa course et gardé sa foi (3) ? Qu'elle

---

(1) Prov. xxxi, 31.
(2) Matth. xxx, 35.
(3) II Tim. iv, 8.

parte sans inquiétude cette âme de vrai prêtre, car ses œuvres l'ont précédée, et c'est la couronne du juste juge qui l'attend (1) ! Sentant sa dernière heure venue, il appelle sa maison, et quand tous sont réunis autour de lui, il leur dit dans toute l'humilité de sa grande âme : « Si j'ai fait quelque peine, j'en demande pardon. » Puis il bénit une dernière fois ceux qui l'entourent ; il tombe ensuite dans une courte et douce agonie, et il meurt. Bon et fidèle serviteur, il avait bien gagné le droit d'entrer dans le repos et la joie de son Maître. C'était l'heure où l'Eglise chantait les premières vêpres de l'Assomption de la glorieuse Vierge Marie, dont il avait toujours été le fils pieux et dévoué.

A peine cette grande existence vient-elle de finir, qu'à cette nouvelle le deuil est dans toutes les âmes ; on sent que la ville a perdu son bienfaiteur et son père. Pendant les trois jours que sa dépouille mortelle a été exposée, plus de quinze mille visiteurs sont passés près de sa couche funèbre, pour saluer une dernière fois ces traits que la mort n'avait pu altérer, et prier pour l'âme qui venait de partir. Mais ce fut surtout au jour de ses funérailles qu'éclatèrent l'attachement et la vénération que vous aviez voués à ce père de vos âmes. Vous le fêtiez magnifiquement, il y a sept ans, lors de son jubilé curial ; ce jour-là,

---

(1) II Tim. iv, 8.

Flers donna deux beaux spectacles au ciel et à la terre : la grandeur d'âme de son pasteur voulant se dérober aux ovations enthousiastes de cette ville, et en détourner les générosités sur son église et vers les pauvres ; puis ces manifestations si touchantes et si splendides des enfants pour leur père bien-aimé. Cette fois, vos larmes ont remplacé les allégresses de la joie, mais du moins c'est le même triomphe que vous lui avez décerné, et plus splendide encore. Rien n'y a manqué, et les funérailles de ce prêtre ont ressemblé à celles dont on entoure les princes de l'Eglise. Le premier Pasteur du diocèse est venu en personne y présider ; plus de cent prêtres se sont trouvés là pour témoigner de leurs pieuses sympathies ; la ville entière, avec ses magistrats et ses administrations, a tenu à rendre un solennel hommage à ce grand mort. Vos maisons fermées sur le parcours funèbre, ce prodigieux concours de peuple, vos visages assombris, tout cela disait assez les sentiments de tous en ce jour de deuil public.

Et maintenant cette dépouille, que vous avez entourée de tant d'hommages, repose à la place d'honneur au champ de la mort. Qu'elle y dorme en paix le grand sommeil jusqu'au jour de la résurrection ; bientôt vous lui donnerez un monument digne de son nom.

Le voilà bien, tel qu'il fut dans la vie et dans la mort. Il n'est plus là, mais son souvenir, embaumé de votre affection et de vos regrets, se gardera dans la meilleure partie de vos âmes. Gardez-le, mes Frères, pour l'offrir à Dieu dans une commune prière, car il faut être si pur aux jugements de Dieu ; gardez-le comme encouragement à tous les devoirs, dont il vous a donné l'enseignement et l'exemple, afin de marcher sur ses traces, et pouvoir lui former couronne encore au jour des triomphes éternels.

IMPRIMATUR :

*Sagii, die XXV<sup>a</sup> Augusti 1891.*

E. MARAIS,
Vic. gen.

---

Séez. — Typographie F. MONTAUZÉ, imprimeur de l'Evêché.

www.ingramcontent.com/pod-product-compliance
Lightning Source LLC
Chambersburg PA
CBHW060500050426

42451CB00009B/749